BEI GRIN MACHT SICH IHR WISSEN BEZAHLT

- Wir veröffentlichen Ihre Hausarbeit,
  Bachelor- und Masterarbeit

- Ihr eigenes eBook und Buch -
  weltweit in allen wichtigen Shops

- Verdienen Sie an jedem Verkauf

Jetzt bei www.GRIN.com hochladen
und kostenlos publizieren

Sabine Busch-Frank

'Den alten Heroismus treu bewahren' - Anmerkungen zu Pfitzners politischer und ideologischer Weltsicht in den Jahren 1933-1945

GRIN Verlag

Bibliografische Information der Deutschen Nationalbibliothek:

Die Deutsche Bibliothek verzeichnet diese Publikation in der Deutschen National-
bibliografie; detaillierte bibliografische Daten sind im Internet über http://dnb.d-
nb.de/ abrufbar.

Impressum:

Copyright © 2003 GRIN Verlag GmbH
Druck und Bindung: Books on Demand GmbH, Norderstedt Germany
ISBN: 978-3-640-20369-7

Dieses Buch bei GRIN:

http://www.grin.com/de/e-book/49783/den-alten-heroismus-treu-bewahren-
anmerkungen-zu-pfitzners-politischer

GRIN - Your knowledge has value

Der GRIN Verlag publiziert seit 1998 wissenschaftliche Arbeiten von Studenten, Hochschullehrern und anderen Akademikern als eBook und gedrucktes Buch. Die Verlagswebsite www.grin.com ist die ideale Plattform zur Veröffentlichung von Hausarbeiten, Abschlussarbeiten, wissenschaftlichen Aufsätzen, Dissertationen und Fachbüchern.

Besuchen Sie uns im Internet:

http://www.grin.com/

http://www.facebook.com/grincom

http://www.twitter.com/grin_com

Dr. Sabine Busch-Frank

„Den alten Heroismus treu bewahren"

Anmerkungen zu Pfitzners politischer und ideologischer Weltsicht in den Jahren 1933-1945

1   Ein politischer Komponist?...1

2   Vorbemerkungen zu Pfitzners biographischer Situation..2

3   Pfitzners Wirken zur Zeit des Nationalsozialismus...3

   3.1   fons salutifer, op. 48 – ein Werk im Geiste des Nationalsozialismus?..........................4

   3.2   Drei Gesänge, op. 53 – ein Werk im Geiste des Nationalsozialismus?..........................6

   3.3   Die Krakauer Begrüßung, op. 54 – ein Werk im Geiste des Nationalsozialismus?.......8

4   Pfitzners Karriere und sein gesellschaftliches Agieren im Nationalsozialismus.............10

5   Zusammenfassung..13

1   Ein politischer Komponist?

Auf die Frage nach seiner Einschätzung der deutschen Zukunft antwortete Pfitzner im Jahr 1926/27 den Süddeutschen Monatsheften: „[...] das, was jetzt noch in unserem Volke in guten Sinne deutsch genannt werden kann, wird – wie schon früher in der Geschichte – den alten Heroismus treu bewahren und auch ohne Hoffnung weiterkämpfen und sich treu bleiben."[1]

Einen Komponisten nach seiner politischen Einschätzung zu befragen, zumal einen, der von sich sagt, er habe von Politik keine Ahnung, könnte befremden – um so mehr, wenn diese Befragung durch ein Magazin geschieht, dem der Interviewte als Mitherausgeber voran steht. Pfitzner aber hatte seit spätestens der Weimarer Zeit eine Politisierung der Kunst beobachtet und sich diese Anschauung auch zu Eigen gemacht. So schrieb er 1932: „Es ist keine Frage, daß Kunst jetzt gleich Politik ist oder [so] behandelt wird. Die internationale, zersetzende

---

[1] Hans Pfitzner, [Umfrage über „Deutsche Zukunft"], in: *Süddeutsche Monatshefte* vom November 1926, S. 203, wieder veröffentlicht in Bernhard Adamy (Hrsg.) *Sämtliche Schriften*, Bd. 4, Tutzing 1987, S. 318. Die Umfrage über die deutsche Zukunft wurde bei 51 „führenden" Deutschen vorgenommen und war aufgeteilt in zwei Fragen: Erstens, ob die Leistungen der deutschen Nachkriegsgeneration zurückgingen, zweitens, ob die deutsche Jugend nicht mehr an ihrer Ausbildung, an der Selbständigkeit der deutschen Kultur und der Erhaltung des Deutschtums interessiert sei.

Linkspresse stützt und fördert ihre Lieblinge skrupellos und verhält sich bewußt vernichtend allem gegenüber, was Deutsch und noch potent ist.‘‘[2]

Dieses Bewußtsein Pfitzners als kämpfender Künstler in den Wirren seiner Zeit soll im Folgenden zum Anlaß genommen werden, schlaglichtartig das ideologisch-politische Verhalten des Komponisten während des „Dritten Reiches" zu beleuchten.

2 Vorbemerkungen zu Pfitzners biographischer Situation

Nach den Ausführungen des in diesem Band an anderem Ort nachzulesenden Artikels von Prof. Dr. Jens Malte Fischer ist es hier nicht mehr notwendig, Pfitzners Weltsicht zu Beginn des NS-Regimes in Deutschland zu umreißen, wohl aber, eine kurze Bestandsaufnahme seiner Lebensumstände im März 1933 vorzunehmen. Dabei ist die politische Situation jener Jahre bekannt: Am 30.1.1933 wurde Adolf Hitler von Paul von Hindenburg zum Reichskanzler ernannt, die NSDAP als Folge des Reichstagsbrandes am 23.3.1933 durch das Ermächtigungsgesetz zur bestimmenden politischen Macht in Deutschland. Wer von nun an in Deutschland leben und arbeiten wollte, mußte mit dieser Partei und ihren politischen Zielen rechnen.

Hans Pfitzner war damals 63 Jahre alt und war 1929 „auf Lebenszeit" an die Akademie der Tonkunst nach München berufen worden. Er wohnte im eigenen Haus in Schondorf am Ammersee, hatte nach dem Tod seiner ersten Frau 1926 eine wenig glückliche Beziehung mit seiner Kompositionsschülerin Lilo Martin begonnen und war als Dirigent, Solist, Begleiter oder auch Regisseur seiner Werke viel auf Reisen. Sein Familienverbund befand sich in Auflösung: Mit dem Bruder hatte er schon lange gebrochen, sein schwerkranker Sohn Paul war in einer psychiatrischen Klinik in München untergebracht, die anderen beiden noch lebenden Kinder befanden sich im Prozeß der Berufsfindung, der viele Komplikationen mit sich brachte. Agnes (damals 24 Jahre) hatte in jener Zeit das von ihrem Vater mißtrauisch beäugte Violinstudium aufgegeben und begonnen, sich der Medizin zuzuwenden. Der Sohn Peter (26) hatte nach einer abgebrochenen kaufmännischen Lehre, einer Episode als Schiffsjunge, zeitweiligen Germanistik- und Jura-Studien und der Tätigkeit als u.a. Bayreuther Regieassistent gerade auf den dringenden Wunsch des Vaters sein juristisches Studium wieder aufgenommen und war Rechtsreferendar in München. Das Leben Hans

---

[2] Brief Hans Pfitzner an Tim Klein vom 30.4.1932, Österreichische Nationalbibliothek Wien.

Pfitzners war von privater Unzufriedenheit, mangelnder Geborgenheit, wohl aber auch von unstetem Reisen und Einsamkeit gezeichnet.

3 Pfitzners Wirken zur Zeit des Nationalsozialismus

Was Pfitzners Wirken betrifft, waren aber die stärksten Pflöcke längst in den Boden gerammt: Pfitzners Alterswerk wird meist[3] bereits mit dem op. 37 des 57-Jährigen angesetzt, dem Orchesterlied *Lethe* (1926). Als op. 38 folgt dann als Markstein des Spätwerkes das *Dunkle Reich* (1929/30). In den Jahren des Nationalsozialismus war Pfitzners Produktivität erschlafft, sein Schaffen wuchs nach dem 1932 entstandenen op. 36a (das sich auf sein früheres Werk, das Streichquartett op. 36 bezieht und daher die Kontinuität der Opuszahlen bricht) noch bis op. 57. Hinter diesen 16 Ziffern verbergen sich aber nicht mehr die großen oder gar abendfüllenden Werke, sondern es war schon seit ca. 1935 überwiegend Klavier- oder Kammermusik sowie Liedschaffen, die dem „Meister der Inspiration" zufielen.

Im Werkverzeichnis finden sich für die Jahre zwischen 1933 und 1945:

- Das Konzert für Violoncello und Orchester G-Dur, op. 42
- Das Duo für Violine und Violoncello mit kleinem Orchester oder Klavier, op. 43
- Kleine Symphonie G-Dur, op. 44
- Elegie und Reigen für Orchester, op. 45
- Symphonie C-Dur, op. 46
- 5 Klavierstücke, op. 47
- fons salutifer, op. 48 (Nach Text von Erich Guido Kolbenheyer)
- 2 Männerchöre, op. 49 nach Gedichten von Franck und Uhland
- Streichquartett c-moll, op. 50
- 6 Studien für Pianoforte, op. 51
- Konzert für Violoncello und Orchester a-moll, op. 52
- 3 Gesänge für Männerchor und kleines Orchester, op. 53 (Nach Text von Werner Hundertmark)
- Krakauer Begrüßung für Orchester, op. 54
- Sextett für Klavier, Violine, Viola, Violoncello, Kontrabaß und Klarinette, op. 55

---

[3] So beispielsweise von Wilhelm Mohr, *Hans Pfitzners Sextett Opus 55* in: *Mitteilungen der Hans Pfitzner-Gesellschaft*, Heft 7, Oktober 1960, S. 2-12. Pfitzner selbst setzte es allerdings bei op. 43 an. Vgl. dazu den Brief Hans Pfitzners an Felix Wolfes vom 11.7.1946, veröffentlicht in Bernhard Adamy (Hrsg.) *Hans Pfitzner Briefe*, Tutzing, 1991, Nr. 936, S. 1006.

Zu Pfitzners Altersschaffen bemerkt Reinhard Ermen:

„[Pfitzner] hört nach der Komposition des ‚Hauptwerks' nicht auf zu produzieren, und doch setzt er mit dem ‚Palestrina' den ‚letzten Stein'. Pfitzner widmet sich der Reproduktion, weil er erkennt, daß eine Gattung, die nicht mehr stark genug ist, sich schaffend zu regenerieren, auf die Pflege besonders angewiesen ist."[4]

Über diesen Standpunkt ließe sich trefflich streiten – scheinen doch die Schaffung von Neuem und die Pflege von Bewährtem in den meisten Künstlerbiografien Hand in Hand zu gehen. Im Zusammenhang mit dem hier zugrunde gelegten Themenkreis der Politik und Ideologie bei Hans Pfitzner lassen nur drei Werke aus dem schmalen Verzeichnis jener Jahre aufhorchen: Das Lob der Karlsbader Wasser, *fons salutifer*, fällt durch seinen umstrittenen – weil für antisemitische und nationalistische Tendenzen bekannten – Textdichter Kolbenheyer auf. Die beiden anderen Werke, die Indizien für eine politische Dimension belegen könnten, stammen aus dem Jahr 1944: Die *Drei Gesänge für Männerchor mit Begleitung eines kleinen Orchesters*, op. 53 sowie die *Krakauer Begrüßung*, op. 54.

3.1 fons salutifer, op. 48 – ein Werk im Geiste des Nationalsozialismus?

Erwin Guido Kolbenheyer (1878-1962) – heute fast vergessen – spielte in der Literaturszene des Nationalsozialismus keine unwichtige Rolle. Der Autor von historisierenden Romanen (*Amor Dei*, *Paracelsus*-Trilogie) brachte es unter den Nationalsozialisten zum Senator der Dichterakademie innerhalb der Preußischen Akademie der Künste und galt – dank seiner der NS-Ideologie nahe stehenden Weltsicht – als einer der großen alten Herren des Literaturbetriebes. So wurde er im „Dritten Reich" für sein Werk hochkarätig dekoriert[5], nach Kriegsende stufte ihn die Spruchkammer zunächst als belastet, schließlich als Mitläufer ein. Er wurde zu Sonderarbeit und dem Einzug der Hälfte seines Vermögens verurteilt, von 1945-50 hatte er Schreibverbot.

Kolbenheyers Familie stammte mütterlicherseits aus Karlsbad, und er war dort aufgewachsen. Der Dichter würdigte die Stadt seiner Jugend mit der *Karlsbader Novelle* und dem Hymnus

---

[4] Reinhard Ermen, *Musik als Einfall. Hans Pfitzners Position im ästhetischen Diskurs nach Wagner*, Aachen 1986, S. 148f.
[5] 1937 Goethepreis der Stadt Frankfurt; 1938 Adlerschild des Dt. Reiches; 1941 Kant-Plakette der Stadt Königsberg; 1944 Grillparzer-Preis der Stadt Wien; usw.

Fons Carolinus; beide erschienen erstmals 1929 im Sammelband *Kämpfender Quell*.[6] Die letzte Strophe des sechsteiligen Hymnus wurde von Pfitzner für seine Auftragskomposition vertont.

Bisher unbekannt war übrigens ein früher persönlicher Kontakt zwischen Pfitzner und Kolbenheyer, den ein in der Österreichischen Nationalbibliothek vorliegender Brief des Schriftstellers an den Komponisten aus dem Jahr 1928 belegt. Dort bedankt sich Kolbenheyer bei Pfitzner „für die freundliche Entgegennahme meines ‚Breviers'" und bezieht sich auf eine Rede Pfitzners, die er gehört hatte. Kolbenheyer schreibt weiter, daß er seit dem politischen Zusammenbruch versuche, „gegen die Verlotterung der Kunst" anzugehen und prophezeit: „Wir stehen an einer Wende. Das deutsche Volk, mag auch der Himmel trüb sein, wird sich finden, seine Kunst mit ihm."[7] Weitere biographische Berührungspunkte zwischen den beiden Künstlern, die in ihrer Geisteshaltung sicher Ähnlichkeiten aufweisen, persönliche Begegnungen oder eine Antwort Pfitzners auf den Brief sind leider nicht bekannt.

Fons salutifer, ein kurzes, ca. fünf Minuten dauerndes Werk für gemischten Chor, Orchester und Orgel wurde 1942 anläßlich einer Brunnenweihe in Karlsbad uraufgeführt und der Chorgesang, der nach einer langen Orchestereinleitung erklingt, könnte in Verbindung mit dem heilenden Kur-Wasser harmloser nicht sein:

„Sprudel urgeschöpfter Kräfte,

Deine Quelle

Gießt in matte Lebenssäfte

Eine Welle

Sprühender Befeuerung!"

Kein Zeitbezug und keine irgendwie geartete regimenahe Färbung lassen sich diesem Text Kolbenheyers nachweisen, wenn auch die Stadt Karlsbad nicht unglücklich gewesen sein wird, mit Pfitzner und Kolbenheyer zwei Künstler durch eine Uraufführung zu würdigen, die den politischen Tendenzen jener Zeit nahe standen.

---

[6] Die Fassung letzter Hand findet sich in der 17-bändigen Gesamtausgabe der Werke, Abteilung 1, Band 8: Erwin Guido Kolbenheyer, *Lyrik*, Gartenberg bei Wolfratshausen, 1961.
[7] Brief Erwin Guido Kolbenheyer an Hans Pfitzner vom 11.11.1928, Österreichische Nationalbibliothek Wien.

3.2 Drei Gesänge, op. 53 – ein Werk im Geiste des Nationalsozialismus?

Über die Männergesänge schrieb Pfitzner einerseits Josef Klefisch, einem potentiellen Spielplangestalter: „Die Gedichte sind im hohem Grade aktuell, sie handeln von diesem Kriege!"[8], andererseits relativierte er in einem Schreiben an Alfred Morgenroth, den politisch engagierten und erfolgreichen Freund jener Jahre:

> „Ich freue mich, daß Ihnen meine Chöre gefallen, ich selber schätze sie ja nicht voll ein, es sind halt Kriegslieder, in gewissem Sinne selbst das erste, als notwendige Folie zu ‚Wandlung‘ und ‚Soldatenlied‘, dieser ‚selige Sommer‘ ist gewissermaßen der letzte Friedenssommer vor dem Kriege."[9]

Natürlich macht diese ambivalente Wertung neugierig auf den Text der Lieder, welchen Pfitzner einer zeitgenössischen Lyrik-Sammlung (1943) des ansonsten unbekannten Autors Werner Hundertmark entnommen hat, immerhin scheint dem Komponisten ja die Deutung seines Werkes als Kriegskunst offensichtlich gewesen zu sein.

Das „Soldatenlied" steht allerdings, wie auch Bernhard Adamy in seiner Kommentierung der Briefe feststellt, dem Krieg klar pessimistisch gegenüber, wenn es heißt:

> „[…] verloren unsre Tage
> und aller Tröstung leer,
> wir haben keine Klage
> und auch kein Lachen mehr.

> Und geht die Wacht zu Ende
> allein in banger Nacht,
> wie leicht ist dein ‚Vollende‘,
> wie bald dein Grab gemacht."[10]

Das Lied *Wandlung* hingegen schildert den Umgang des Geistes- und Gefühlsmenschen mit den Anforderungen des Krieges. Dort heißt es:

---

[8] Brief Hans Pfitzner an Josef Klefisch vom 14.9.1944, Briefausgabe Adamy Nr. 880, S. 937f.
[9] Brief Hans Pfitzner an Alfred Morgenroth vom 21.10.1944, Briefausgabe Adamy Nr. 883, S. 940.

„[…] In jeder Stimme hörten wir Gesang

im Sturm der Brandung grüßten wir das Leben,

das, rauschend, tief in unsre Seele drang.

Da ward ein neuer Ton uns offenbar;

die Feste unsres Seins schien zu erbeben:

der Sinn des Spiels hieß ‚Tod‘, der Weg ‚Gefahr‘!

Der Tod ging uns vorbei, die Zeit verrann –

Kein Rausch, kein Wort ist not uns zu erheben,

und still und klar sehn wir die Dinge an.“

Hier steht die Entwicklung vom empfindsamen Denker zum abgeklärten Krieger im Vordergrund, und es klingt eine Verklärung des Kampfes an. Dieser läßt den Soldaten des Liedes reifen, statt wilder Emotion ist ihm nach dem Erlebnis der Todesnähe nun eine klare, weise Sicht auf die Dinge gegeben. Allerdings bleibt die Dichtung intellektuell, sensibel und distanziert – der Text hätte sich als Kriegsverherrlichung neben dem *Horst-Wessel-Lied*, Hans Baumanns *Es zittern die morschen Knochen*[11] und anderen Wehrmacht-Schlagern wohl kaum durchsetzen können.

Das dritte Lied, das Hundertmarks Gedicht *Seliger Sommer* erklingen läßt, bleibt gänzlich neutral, appelliert es doch in „carpe diem!“-Gestus an den Leser oder Hörer, schöne Lebensstunden nicht ungenutzt verstreichen zu lassen:

„[…] Schenkt dir der Sommer doch

selige Stunden;

zögerst Du lange noch,

sind sie entschwunden.“

---

[11] Text von Hans Baumann:
„Es zittern die morschen Knochen
Der Welt vor dem roten Krieg,
Wir haben den Schrecken gebrochen
Für uns war's ein großer Sieg.“
Refrain: „Wir werden weiter marschieren
Wenn alles in Scherben fällt,
Denn heute da hört uns Deutschland
Und morgen die ganze Welt. […]“

Hier tritt das Thema „Krieg" letztlich in den Hintergrund und wird nur im Kontext der anderen Verse der Anthologie, des Erscheinungsjahrs und den Lebensumständen des Autors relevant. Überhaupt belegt ein Blick in Hundertmarks schmales und heute völlig vergessenes Lyrikbändchen, daß sich Pfitzner hier nicht gerade ein waffenklirrendes und blutdürstiges Machwerk der Soldatenlyrik auserkoren hat. Die 20 Lieder schildern vielmehr Kriegserfahrungen auf gleichsam dunkelgrauem Grunde: Der Tod des Kameraden, der Gedanke an das eigene Sterben, die Wahrnehmung der fremden Landschaft und immer wieder Motive wie die Sehnsucht nach der Heimat, die Mohnblume im Feld und der leuchtende Stern Orion inspirieren den Dichter-Soldaten. Als solchen macht ihn allerdings eine Anmerkung des Verlegers auch werbewirksam kenntlich, die erläutert: „Der an der Front im Osten stehende Dichter konnte aus naheliegenden Gründen nicht Korrektur lesen. So mußte die Drucklegung ohne sein ‚Imprimatur' erfolgen."[12]

3.3 Die Krakauer Begrüßung, op. 54 – ein Werk im Geiste des Nationalsozialismus?

Als diffiziler erweist sich die werkimmanente Deutung der *Krakauer Begrüßung*, von welcher Pfitzner einem Briefpartner mitteilte:

„Mein op. 54 heißt ‚Krakauer Begrüßung' und ist auf den Wunsch des General-Gouverneurs entstanden, kurz ‚aus dem Ärmel geschüttelt' im Hotelzimmer. Aber es ist meiner Feder nicht unwürdig, obwohl es nur 5-6 Minuten dauert. Vielleicht können Sie es einmal (gesendet) hören."[13]

Leider hält der Verlag diese – doch immerhin von Pfitzner in sein Werkverzeichnis aufgenommene – Komposition wegen der inzwischen als peinlich empfundenen Entstehungsumstände heute noch zurück. Schließlich war der Widmungsträger Hans Frank (1900-1946), ein Verurteilter des Nürnberger Hauptkriegsverbrecher-Prozesses, der in seiner Herrschaftszeit als Generalgouverneur in Polen etwa eine Million Menschen zur Zwangsarbeit verschleppen und die gesamte geistige Elite Polens verfolgen oder hinrichten ließ. Im Rundfunkarchiv Frankfurt am Main liegt eine in den vierziger Jahren aufgenommene

---

[12] Werner Hundertmark, *Und als durch Korn und Mohn die Sense strich*, Hamburg, 1943, S. 46
[13] Brief Hans Pfitzner an Willy Kössel vom 2.2.1945, Briefausgabe Adamy Nr. 888, S. 947.

Einspielung nicht mehr vor, so daß man sich auf die Überlieferung verlassen muß, wenn man Näheres über die Tondichtung erfahren will.

Diesmal ist es nicht der Text, der die Interpretation in einem politischen Zusammenhang nahe legt – das Werk ist orchestral – sondern der Kontext der Werkentstehung als Auftragskomposition des Generalgouverneurs von Hitlers Gnaden und der Uraufführungsort auf der okkupierten Krakauer Burg.

Der Pfitznerforscher Hans Rectanus, der ein Exemplar einsehen durfte, teilte mir freundlicherweise mit, daß das kurze Werk für große Besetzung in Form einer Polonaise gearbeitet und mit „Dem polnischen Volk" überschrieben sei – immerhin also eine Widmung an Menschen, deren Land gerade von den deutschen Eroberern besetzt, ausgehöhlt und – längst nicht nur finanziell – ausgeblutet wurde. Auf die Polonaise weist Pfitzner auch in einem Brief an Walter Abendroth hin:

„Die ‚Krakauer Begrüßung' endlich ist eine richtige Gelegenheitskomposition, dauert etwa 5 $^1/_2$ Minuten, und entstand auf ‚Bestellung' von Seiten des General-Gouverneurs Frank, dem sie auch gewidmet ist. Die kleine Composition ohne Text ist meiner Feder nicht etwa unwürdig, sie hat als Hauptteil ein fanfarenartiges, chevaleskes Thema, dem, als Mittelteil, mit bewußter Andeutung der Landschaft, eine richtige, etwas wehmütige Polonaise beigegeben ist, für großes Orchester geschrieben, sehr gut klingend und einprägsam. Der äußere Erfolg und die allgemeine Beurteilung sind wieder Erwarten fast übertrieben groß."[14]

Wollte man also heute diese Polonaise als Würdigung des unterdrückten polnischen Volkes verstehen, müßte man doch den vagen Bezug Pfitzners auf die „Landschaft" (er dürfte bei seinen Besuchen in Polen ohnehin nur mit Deutschen in näheren Umgang gekommen sein) sowie Ort und Rahmen der Uraufführung dagegenhalten.

Die Suche nach geistes- und weltanschaulichen Indizien in Pfitzners Werken zwischen 1933 und 1945 bleibt also ohne befriedigende Resultate. Ein den Nationalsozialismus und seinen Errungenschaften kritisch gegenüberstehendes Werk ist in Pfitzners rarem kompositorischem Schaffen der Jahre zwischen 1933 und 1945 genauso wenig nachzuweisen, wie ein das „Dritte Reich" verherrlichendes. Die Beschäftigung mit dem Zeitthema „Krieg", die Vertonung von

---

[14] Brief Hans Pfitzner an Walter Abendroth vom 16.12.1944, Briefausgabe Adamy Nr. 885, S. 943.

harmloser Lyrik eines NS-Dichters oder die Widmung an einen hohen Politiker genügen nicht, um Pfitzners Werk Nähe zum Hitler-Regime nachzuweisen. Da sich also aus dem Schaffen des Komponisten keine überzeugenden Belege für sein politisch-weltanschauliches Denken und Tun im „Dritten Reich" gewinnen lassen, muß aus anderem Material geschöpft werden.

4 Pfitzners Karriere und sein gesellschaftliches Agieren im Nationalsozialismus

In dieser Hinsicht erweisen sich vor allem Pfitzners in jener Zeit entstandene, gedruckte und ungedruckte Schriften, aber auch seine Briefe als wesentlich – weniger die Erinnerungen von Zeitgenossen, die oft als ungenau oder nachträglich ausgeschmückt erkannt werden müssen. Doch da Pfitzner – vielleicht auch im Zusammenhang mit dem Nachlassen seiner schöpferischen Kraft – ein Mann der Worte war, geben die schriftlich erhaltenen Dokumente ein klares Spiegelbild seines Denkens. Im hier gesetzten Rahmen kann die Auswahl natürlich nur kursorisch sein.[15] Pfitzner hatte wohl damit gerechnet, sich mit dem Machtwechsel auf der Seite der Herrscher zu positionieren und hoffte darauf, von den Nationalsozialisten in die kulturelle Neustrukturierung Deutschlands eingebunden zu werden. Zunächst waren auch drei hoffnungsvolle Projekte (Intendanzen der Düsseldorfer und der Berliner Städtischen Oper, eine leitende Position im Kulturamt der SS) im Gespräch, die sich aber zerschlugen. Pfitzner signalisierte dann dem NS-Regime mehrfach seine Sympathie, so unterzeichnete er zusammen mit anderen Kulturschaffenden im April 1933 den „Protest der Richard-Wagner-Stadt München" gegen Thomas Mann und sagte im Juli desselben Jahres seine Teilnahme an den Salzburger Festspielen aus Solidarität mit Hitlerdeutschland ab. Ob er im November 1933 eine Ergebenheitsadresse der Preußischen Akademie der Künste an Hitler mitunterschrieb, ist bisher nicht gesichert; nachweisbar ist im selben Monat ein Brief von Hans Pfitzner an Adolf Hitler, in dem er den „hochverehrten Herrn Reichskanzler" nachdrücklich zu einer Pfitzner-Aufführung einlädt[16] – übrigens ohne Erfolg.

Der Erfolg seiner Kontaktsuche war minimal: 1934 wurde Hans Pfitzner in den bedeutungslosen „Führerrat der deutschen Komponisten" aufgenommen. Bei wichtigeren politischen Instrumenten der Kulturorganisation, wie der Leitung der im September 1933 begründeten Reichskulturkammer, blieb Pfitzner zu seiner Enttäuschung außen vor. Er setzte

---

[15] Vgl. Sabine Busch, *Hans Pfitzner und der Nationalsozialismus*, Stuttgart 2001.

weitere Signale, so 1934 in seiner von ihm autorisierten und maßgeblich geprägten Biographie aus der Feder Walter Abendroths, an der beide seit 1932 arbeiteten und die eindeutig Passagen aufweist, die auf die neuen politischen Verhältnisse in Deutschland zugeschnitten waren.[17] Doch die Zurücksetzung war offensichtlich – das „Dritte Reich" hatte keine Verwendung für den Komponisten Hans Pfitzner. So stellte dieser erbittert fest:

„Daß ich bei allen solchen Veranstaltungen, wie bei diesem Festkonzert [der Reichsmusikkammer am 18.2.1934], wie in Leipzig bei der Juristentagung, kurz allen offiziellen, nationalen und patriotischen Konzerten ausgeschaltet bin, ist etwas, was ich bei aller Philosophie, Ethik und Askese wirklich schwer ertragen kann. Kommt dazu noch mein persönliches Leben und Los, so ist es kein Wunder, wenn ich nichts mehr schreiben kann als Briefe und Abwehrmaßnahmen gegen Verläumdungen [sic]."[18]

Das Empfinden der mangelnden Achtung und stetigen Vernachlässigung, welches Pfitzner durch das ganze „Dritte Reich" hindurch begleiten sollte, läßt sich bereits hier mit Händen greifen. Daran änderte auch ein weiterer Einsatz für die Ziele der NSDAP (beispielsweise, indem er sich an Wahlpropaganda der Jahre 1934, 1936 und 1938 beteiligte) nur wenig. Der unbedeutende und nicht dotierte Posten als Reichskultursenator (1935) und die Dekorierung mit einigen Auszeichnungen wie der „Goethe-Medaille für Kunst und Wissenschaft" (1934), Ehrungen in Posen (1942), in Polen bei Generalgouverneur Frank (1942 und 1944) oder der Robert-Schumann-Preis (1943) bleiben Ausnahmen, die im öffentlichen Bewußtsein des „Altreiches" kaum Eingang gefunden haben dürften. Die Gründe dafür im Einzelnen auszuführen, würde hier zu weit gehen – sie liegen vorrangig in persönlichen Vorbehalten hoher Herren des NS-Reiches gegen die Person und das Werk Hans Pfitzners, aber auch in seinem Wesen begründet. Pfitzner hatte die Neigung, sich gute Kontakte mit Nazigrößen durch sein kleinliches, empfindliches und arrogant zurückweisendes Wesen zu verderben. Auch waren ihm manche gut gemeinten Hilfestellungen seiner – von ihm selbst in Anlehnung an eine Formulierung seiner Tochter oft als „Schmeichler und Hetzer" bezeichneten – Freunde eher hinderlich als nützlich.

---

[16] Brief Hans Pfitzner an Adolf Hitler vom 21.11.1933, „R 43 II/1244", Bundesarchiv Berlin.
[17] Vgl. dazu Walter Abendroth, *Hans Pfitzner*, München 1935, vor allem S. 9ff. und S. 296ff.
[18] Brief Hans Pfitzner an Walter Abendroth vom 21.1.1934, Österreichische Nationalbibliothek Wien.

Als dickster Stein dürfte einer großen Karriere Pfitzners im „Dritten Reich" aber im Weg gelegen haben, daß Hitler persönliche Vorbehalte gegen ihn hatte. So findet sich im Bundesarchiv Berlin in den Akten der Reichskulturkammer folgende Notiz:

„Der Führer ist mit einer im bescheidenen Rahmen durchgeführten Ehrung Hans Pfitzners zu seinem 75. Geburtstag einverstanden. Es soll jedoch kein zu großes Aufsehen um Pfitzner gemacht werden. ‚Soweit man bei Pfitzner von guten Stücken sprechen kann, sollen die besten aufgeführt werden.' [Anführungszeichen sind im Originaldokument handschriftlich eingefügt, Anm. d. Verf.] In diesem Zusammenhang ist wieder die Frage aufgetaucht, ob Pfitzner Halb- oder Vierteljude ist. Ich bitte hierüber um Ihre Stellungnahme."[19]

Pfitzner war weder „Halb-" noch „Vierteljude" nach dem Sprachgebrauch der NS-Ideologie, doch nachdem auch Hitlers Antisemitismus eine persönliche Prägung nicht ganz fremd war – er verfuhr wie der Wiener Bürgermeister und Antisemit Karl Lueger fallweise nach der Regel „Wer ein Jude ist, bestimme ich!" – dürfte das dem Ansehen des Komponisten im „Dritten Reich" nicht viel genützt haben.

Pfitzners Befindlichkeit wurde im Laufe der Jahre zusehends schlechter – seine Vernachlässigung durch das Deutschland der Nationalsozialisten war ihm überdeutlich und bedrückte ihn. Persönliche Konsequenzen zu ziehen, etwa durch Emigration, lag ihm allerdings fern. Er nahm auch kein Blatt vor den Mund und äußerte seine Enttäuschung und den Eindruck seiner Zurücksetzung sogar gegenüber mächtigen Politikern – deren Nähe er allerdings immer noch suchte. Beispielsweise schrieb er bereits 1933 an Hans Frank:

„Wie lange das ‚Dritte Reich' besteht, weiß man nicht, daß meine Werke bestehen werden gemäß einem ewigen Gesetz, das weiß ich, und sollte sich extra eine reale Welt um sie bilden, in der sie nicht verboten werden.
In irgend ein Deutschland gehöre ich anscheinend nicht.
Aber daß im Reiche Hitlers die nationalsten Werke Hans Pfitzners[,] wie der Schlußgesang der Cantate ‚Von deutscher Seele' und [wie] ‚Klage' op. 25 — die prophetisch wie für diese Zeit geschrieben sind (‚Da wacht ihr Getreuen auf')[,]

---

[19] Interner Briefwechsel Ministeramt Dr. Naumann an Abteilung „T." am 9.6.1943, „R 5001 231", Bundesarchiv Berlin.

verboten werden als ungeeignet wegen des Textes, — das wird die Geschichte anmerken."[20]

Später wurde Pfitzner vorsichtiger, doch in privaten Briefen und überlieferten Gesprächen sind die Andeutungen, daß er sich vernachlässigt fühlt, Legion. Und hier liegt auch der Kern Pfitzners politischer und weltanschaulicher Position im Nationalsozialismus: Er fühlt sich persönlich mißachtet und sein Werk nicht genug gewürdigt – nur hierauf beziehen sich Bemerkungen wie die von der „herrschenden Rechtspflege (oder vielmehr: Unrechtspflege)".[21] Was sonst um ihn herum vorgeht, scheint er kaum zu registrieren, und das, obwohl sogar seine Tochter Agnes, die von der Mutter her jüdischer Abstammung ist, noch entfernte Auswirkungen der Judenverfolgung miterlebt, obwohl sein einstiger Intimus Paul Cossmann im Konzentrationslager stirbt, obwohl zahlreiche Freunde verfolgt werden und emigrieren. Pfitzner versucht im Einzelfall zu helfen, zieht auch – entgegen allen Empfehlungen wohlmeinender Verehrer auf der politischen Höhe jener Zeit – nicht die Hand von verfemten Freunden und Künstlern, reflektiert aber die Auswirkungen des „Dritten Reiches" vornehmlich in Bezug auf seine eigene Person. In diesem Sinne äußert er sich auch in seiner im Jahr 1942 festgehaltenen Situationsbeschreibung „Meine Stellung im Dritten Reich". Nach gründlicher Beschreibung der ihm bisher im Nationalsozialismus widerfahrenden Hemmnisse – wenn auch unter Auslassung der meisten Ehrungen und Auszeichnungen, die er parallel dazu erfahren hatte, und somit eindeutig in subjektiv die Situation verzerrender Analyse – schreibt er:

„Für dieses Deutschland existiere ich also nicht.

Das sei hiermit deutlich ausgesprochen."[22]

5 Zusammenfassung

Pfitzner, der immer betonte, daß er von Politik nichts verstehe,[23] andererseits nie Scheu davor hatte, sich politisch zu äußern (nicht zu betätigen, er bekleidete keine politischen Ämter und war in keiner Partei!), blendete die Geschehnisse des „Dritten Reiches" weiträumig aus, soweit sie ihn nicht selbst betrafen. Wie viele Künstler war er egoman veranlagt, kreiste

---

[20] Brief Hans Pfitzner an Hans Frank vom 1.10.1933, Briefausgabe Adamy Nr. 608.
[21] Brief Hans Pfitzner an Dr. Hoepffner vom 29.5.1939, Staatsbibliothek München, Handschriftensammlung.
[22] Hans Pfitzner, [*Meine Stellung im Dritten Reich*] in: *Sämtliche Schriften*, Bd. 4, S. 321-326, hier S. 326.
[23] Walter Abendroth, (Hrsg.) *Hans Pfitzner. Reden, Schriften, Briefe*, Berlin-Frohnau und Neuwied am Rhein 1955, S. 196.

konzentrisch um sich und sein Werk und nahm die Umwelt vorwiegend in ihrer Beziehung zu diesem Fixstern auf. Demnach kann man bei ihm auch keine Erkenntnis und keine Entwicklung feststellen; so blieben auch nach dem „Drit ten Reich" seine Ansätze unverändert: Weiterhin pflegte er einen persönlich geprägten, einzelne Freunde ausnehmenden, aber doch eindeutig „rassisch" und nicht religiös motivierten Antisemitismus. Noch immer nahm er Deutschland, welches er nach dem „Dolchstoß" des ersten Weltkrieges und dem Sieg der Alliierten doppelt verraten sah, in Schutz, weiter hielt er vor allem sich selbst für ein Opfer seiner Zeitumstände. Sein Deutschtumsbegriff bezog sich noch immer auf das

„[...] Lande Luthers, in dem die h-moll Messe und der ‚Faust' entstanden sind, das den ‚Freischütz' und Eichendorff, die ‚Pastorale' und die ‚Meistersinger' hervorgebracht, in dem die Vernunftkriterien und die ‚Welt als Wille und Vorstellung' gedacht worden sind [...]."[24]

Dieses Deutschland-Bild blieb unverrückt, war von der „Blut-und-Boden"-Ideologie der Nationalsozialisten, von Schlagworten wie „rassischer Urgrund" oder „Blutquell" nicht berührt worden. Die „Glosse zum II. Weltkrieg", seine Briefe an Bruno Walter – also weidlich bekannte Dokumente – geben hierfür beredt Zeugnis. Die Ideologie und politische Grundhaltung Hans Pfitzners speziell für die Zeit des Nationalsozialismus analysieren zu wollen, ist daher ein fast unmögliches Unterfangen: Es gibt sie nicht. Seine konservativen Wertbegriffe, die schon in der Straßburger Zeit oder in der Weimarer Republik zu beobachten waren, blieben unverändert – seine antisemitischen Vorurteile, sein Chauvinismus, seine tiefe Überzeugung von der herausragenden Position Deutschlands ebenfalls. Hans Pfitzners Leben im nationalsozialistischen Deutschland ist eine Reihung von Episoden der Zurücksetzungen und Ehrungen, von Annäherungen und Enttäuschungen – eine politisch-ideologische Analyse seiner Person speziell im „Dritten Reich" muß aber unhomogen bleiben. Es gibt Belege für und wider die Identifikation des Komponisten Hans Pfitzner mit dem Nationalsozialistischen Geist, er suchte die Annäherung und reflektierte die Abstoßung durch das Regime. Der Komponist alterte zwar und erlebte mit der Auswirkung des „totalen" Krieges, mit der Schließung der Kulturstätten, mit der Ausbombung aus zwei Wohnhäusern zunehmend schlechtere Zeiten, machte aber dabei keine ideologische oder politische Entwicklung mehr durch. Er hatte sich vom politischen Geschehen um sich herum gleichsam verabschiedet und ließ es auch nicht in sein Wirken einfließen. Auffällig ist auch, daß sich in seinem Briefwechsel kaum politische Bezüge auffinden lassen – außer wiederum indirekte, Pfitzner selbst betreffende Auswirkungen des Krieges: Seine Anwesenheit in einem Zug unter Bombardement, die Zerstörung seiner Wohnungen, seine Nächte im Wiener Hotelbunker. Anderes scheint er nicht an sich heranzulassen, er bleibt in seinen Überzeugungen, politischen Einstellungen, in seiner Ideologie unwandelbar.

In der „Deutschen Seele", deren Aufführung ja immerhin Anlaß zu diesem Symposium war, vertonte Pfitzner folgenden Eichendorff-Text:

„Wir wandern nun schon viel hundert Jahr'
Und kommen doch nicht zur Stelle.
Der Strom wohl rauscht an die tausend gar,
und kommt doch nicht zur Quelle."

---

[24] Brief Hans Pfitzner an Bruno Walter vom 5.10.1946, Briefausgabe Adamy Nr. 947, S. 1023.